만화로 보는 그리스 로마 신화

특별판 4

만화로 보는
그리스 로마 신화 특별판 4

초판 1쇄 발행 | 2010년 7월 6일
초판 21쇄 발행 | 2021년 9월 20일

엮 음 | 이경우
그 림 | 서영

펴 낸 곳 | (주)가나문화콘텐츠
펴 낸 이 | 김남전
편 집 장 | 유다형
편 집 | 이보라 김아영
디 자 인 | 정란
마 케 팅 | 정상원 한웅 정용민 김건우
관 리 | 임종열 김하은

출판등록 | 2002년 2월 15일 제10-2308호
주 소 | 경기도 고양시 덕양구 호원길 3-2
전 화 | 02-717-5494(편집부) 02-332-7755(관리부)
팩 스 | 02-324-9944
홈페이지 | ganapub.com
이 메 일 | ganapub@naver.com

ISBN 978-89-5736-512-0 (77840)
978-89-5736-486-4 (세트)

만화로 보는

그리스 로마 신화

이경우 엮음 | 서영 그림

특별판 4

가나출판사

등장인물

이다스

폴리데우케스와 카스토르의 사촌.
폴리데우케스와 싸우다가
제우스의 벼락을 맞아 죽는다.

타이게테

티탄 족인 아틀라스의 딸.
제우스와 결혼해서
스파르타를 세운
라케다이몬을 낳는다.

폴리데우케스, 카스토르

스파르타의 왕자들. 사촌과의 싸움에서
카스토르가 죽자 둘은 하늘로 올라가
별자리인 쌍둥이자리가 된다.

리카온

아르카디아의 왕.
제우스를 시험하기 위해
사람 음식을 대접했다가
벼락에 맞아 죽는다.

아우게

테게아의 공주.
아버지의 뜻을 어기고
헤라클레스의 아들을 낳았다가
노예로 팔린다.

가니메데스

트로스 왕의 아들.
제우스가 그를 납치하여
올림포스에서 넥타르를
따르는 일을 시킨다.

텔레포스

아우게와 헤라클레스의 아들.
목동의 손에 자란 그는
자신의 신분을 알기 위해
테우트라니아로 갔다가
어머니를 만난다.

일로스

트로스 왕의 아들.
신탁에 따라 50명의 소년과
50명의 소녀를 데리고
트로이를 세운다.

라오메돈

트로이의 왕.
포세이돈과 아폴론과의
약속을 지키지 않아
벌을 받는다.

아이사코스

트로이의 왕 프리아모스의 아들.
사랑하는 헤스페리아가 죽자
절벽에서 뛰어내린다.
테티스 여신이 이를 보고
새로 만들어 준다.

차 례

1장

헬레네의 조상들

자, 저건 그리스
최고의 미녀인
헬레네의
조각상이야.
그럼, 이곳은
헬레네 조상들의
테마관이군요.

헬레네는 누굴 닮아서 저렇게 예쁠까? 진짜 부럽다.
지연이도 엄청 예쁜데.
히히. 들었지, 오빠?
넌 접대용 말인지도 모르니?
헬레네의 조상 중에는 스파르타를 세운 라케다이몬이 있어.
그럼, 라케다이몬의 어머니인 타이게테 이야기부터 해 줄게.

티탄 족인 아틀라스에게는 7명의 딸이 있었는데,
그중 한 명이 바로 타이게테야.

타이게테는 스파르타 근처에서
아르테미스를 섬기며 살고 있었어.
핑
그러던 어느 날, 제우스가
그 주변을 지나가게 되었어.
이곳은 땅이 기름져서 살기 좋은 곳이로군.

그래, 이곳을 다스릴 아들이 하나 있으면 좋겠어.
그때 제우스는 짐승을 쫓는 타이게테의 모습을 보았어.
띵융

저 여인은
아틀라스의 딸인
타이게테로구나.
내 신붓감으로
딱 맞아!
아름다운 타이게테,
내 사랑을 받아 줘.
어머,
제우스 님!

안 돼요.
그랬다가는
아르테미스 님께
혼나요.
아르테미스?
걱정할 것 없다.
아르테미스는 내 딸이야.
나한테 꼼짝
못한다고.
자자, 이리 와.
그래도
이건 좀…….

제우스의 구애는 끈질겼어.
어디 숨었지? 예쁜 내 사랑!
내 힘으론 도저히 제우스 님을 뿌리칠 수 없어.
그래, 아르테미스 님께 도움을 청해야겠어.

아르테미스 님.
저는 아르테미스 님을
모시며 처녀로
살고 싶은데,
제우스 님이 자꾸 저에게
결혼하자고 해요.
그렇다면
제우스 님이
눈치채지 못하게
암사슴으로
변신시켜 주마.

아르테미스는 타이게테를
암사슴으로 변신시켰어.
펑!

암사슴이 된 타이게테는 마음 놓고
숲 속을 산책하다가 제우스를 만났어.
앗, 제우스 님이다! 나를 알아보지 못하겠지.
오, 내 사랑 타이게테! 도대체 어디에 숨은 거야?

응? 못 보던 녀석인데, 누구지?
제우스는 암사슴으로 변신한 타이게테를 금방 알아보았어.
하하, 내 사랑 타이게테! 암사슴으로 변신하면 내가 모를 줄 알았니?
어머!

결국, 타이게테는 제우스의
사랑을 뿌리치지 못했어.
이렇게 해서 둘 사이에
라케다이몬이 태어난 거야.
자, 이제 라케다이몬의
주요 후손들을
살펴볼까?
오이발로스
제우스
레다
틴다레오스
힙포코온
이카리오스
헬레네
폴리데우케스
카스토르
클리타임네스트라
오디세우스
페넬로페
텔레마코스

라케다이몬의 후손인 오이발로스에게는
틴다레오스, 힙포코온, 이카리오스라는 세 아들이 있었어.

오이발로스가 죽자, 틴다레오스가
스파르타의 왕위를 물려받았어.
틴다레오스,
스파르타를 부탁한다.
예, 아버지!

그런데 왕위를 탐내던 동생
힙포코온이 그의 아들들을 이끌고
궁전으로 몰려왔어.
형님! 왕위를 내놓으시오!
힙포코온!

네가 어찌 나한테
이럴 수가 있느냐?
큰아버지,
죄송합니다,
크크.
힙포코온의 아들들은
틴다레오스를 왕좌에서 끌어냈어.
좋은 말로 할 때
내려오시오!

틴다레오스를
당장 추방하라!
오늘부터 스파르타의
왕은 나다! 하하하!
그런데 스파르타의 왕이 된
힙포코온에게도 시련이 찾아왔어.
폐하!

큰일 났습니다!
큰일이라니? 대체 무슨 일이냐?
헤라클레스가 군대를 이끌고 쳐들어오고 있습니다.
뭐, 뭐라고? 헤라클레스가?
아니, 헤라클레스가 우리와 무슨 원한이 있기에?

내가 형을
몰아내고 왕이 된 게
못마땅해서인가?
혹시 오이오노스의 죽음에
복수하기 위해서가 아닐까요?
오이오노스?

오이오노스라면
헤라클레스의 사촌이
아닌가?
그렇습니다.

그의 죽음과 우리가
무슨 상관이냐?
오이오노스가
스파르타에서
죽었기
때문입니다.

오이오노스는 세상 구경을
하던 중 스파르타에 들렀어.

그는 힙포코온의 궁전을
바라보며 감탄했어.
참 크고 훌륭한
궁전이구나.

그때 난데없이 큰 개 한 마리가
오이오노스를 보고 짖어 댔어.
컹
컹
컹

몹시 사나운 개로군.
저대로 두면
사람들을 해치겠어.
저리 가! 이놈의 개!
퍽!
깨갱

그때 힙포코온의 아들들이 달려 나왔어.
이놈! 감히 왕의 개에게 돌을 던지다니!
대체 뭐하는 놈이냐?
갑자기 저 개가 덤벼들기에 나를 지키려고 그랬을 뿐이오.
거짓말 마라, 이 건방진 놈아!

오이오노스는 헤라클레스의 사촌답게 싸움을 잘했어.
빡!
퍽!
힘이 센 놈이야. 이대로는 안 되겠어.
힙포코온의 아들 중 한 명이 뒤에서 오이오노스를 몽둥이로 때렸어.
빡!

으윽!
비겁하게 뒤에서
치다니…….
놈이 쓰러졌다.
죽여라!
결국, 오이오노스는
몽둥이에 맞아 죽었어.

이 소식을 들은 헤라클레스는 복수를 다짐했어.
감히 내 사촌을 죽이다니, 용서하지 않겠다.
하지만 스파르타는 군사력이 강한데, 어떡하지?
그래, 아들이 많은 케페우스에게 지원군을 부탁해 보자.

헤라클레스는 테게아의 왕인 케페우스를 만나 도움을 요청했어.
케페우스 왕이여! 자네와 아들들의 도움이 필요하네.
자네를 돕고 싶지만 성을 비우면 아르고스 인들이 쳐들어오기 때문에 곤란하네.
그런 이유라면 내가 해결해 주겠네.

헤라클레스는 당장 아테나를 찾아갔어.
사정이 그렇다면 내가 도와주지.
아테나는 메두사의 뱀 머리카락을 하나 뽑아 주머니에 담았어.
이 머리카락을 적에게 보이면 돌로 변할 거야.

헤라클레스는 주머니를
케페우스의 딸 스테로페에게 주었어.
이게 뭔가요?
메두사의 머리카락이 담긴
주머니다. 만약 적이
쳐들어오면 너는 보지 말고
그것을 성벽 위로
세 번 높이 쳐들어라.

그렇게 하면 적들이 모두 도망칠 것이다.
이게 그렇게 대단한 물건인가요?
안 돼! 절대로 보아서는 안 돼!

이를 본 케페우스는
그제야 안심했어.
좋아.
이제 마음 놓고
자네를 도와주겠네.

이렇게 해서 케페우스와 아들들은
헤라클레스와 함께 스파르타를 공격했어.
와아아!

그러나 스파르타 군대 역시
만만치 않았어.
막아라!
스파르타 군의 용맹을
보여 줘라!
와아!
테게아 정도는
아무것도 아니야!
스파르타가
이렇게 강할 줄이야.

케페우스 쪽은 어떨지 모르겠군.
그의 걱정대로 케페우스는 스파르타 군에게 밀리고 있었어.
아버지, 이러다가 전멸당하겠어요.
안 되겠다. 헤라클레스에게 도움을 요청해라.
소식을 들은 헤라클레스는 그를 돕기 위해 달려왔어.
내가 왔소, 케페우스! 이놈들, 모두 덤벼라!
오, 헤라클레스!

케페우스가 뒤를 돌아보는 순간,
스파르타 병사의 칼에 맞고 말았어.
악!
케페우스!

자네가 여기서 죽다니!

분노한 헤라클레스는 스파르타 성을 포위하고 공격을 퍼부었어.
와아아
와아아!

결국, 헤라클레스는 스파르타를 장악했어.
힙포코온과 그의 아들들을 잡아라!
헤라클레스는 힙포코온과 그의 아들들을 죽이고 틴다레오스에게 스파르타의 왕권을 넘겨주었어.

그런데 그동안
틴다레오스는 무얼
하고 있었나요?
틴다레오스도
나름대로 바빴단다.
결혼을 했거든.
스파르타에서 추방된
틴다레오스는 플레우론의
테스티오스 왕에게 갔어.
그 당시 플레우론은
칼리돈과 전쟁을 벌이고 있었어.
제가 왕을
도와 전쟁에
참여하겠습니다.

테스티오스는 틴다레오스의
도움을 받아 전쟁에서 승리했어.
자네에게
큰 빚을 졌군.

이번에는 내가 은혜를
갚을 차례이니,
내 딸 레다를 주겠네.

이렇게 아름다운
여인과 결혼하다니,
난 정말 행운아야.

* 〈만화로 보는 그리스 로마 신화〉 7권 '영웅 테세우스' 편 참고

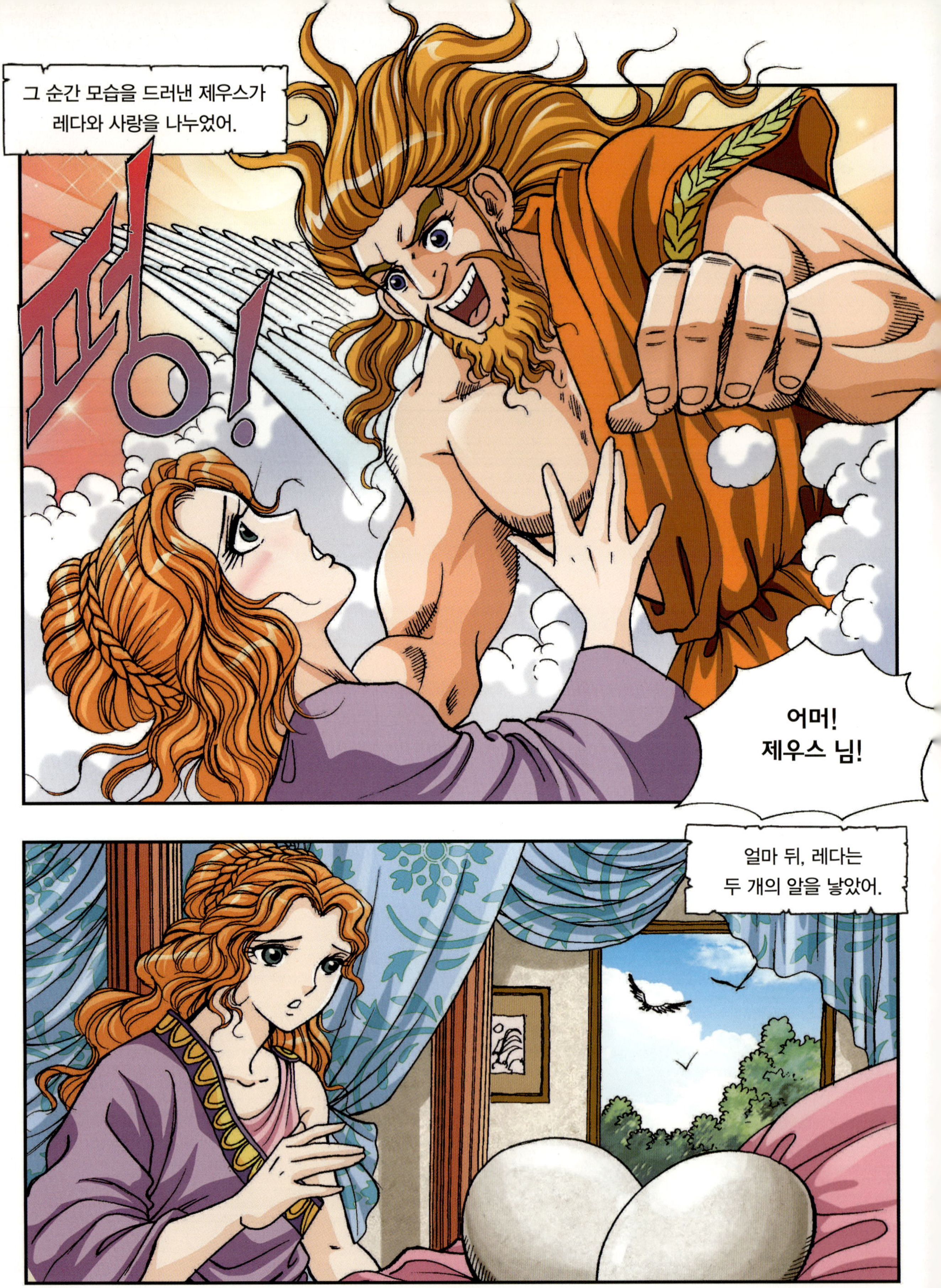
그 순간 모습을 드러낸 제우스가
레다와 사랑을 나누었어.
펑!
어머!
제우스 님!
얼마 뒤, 레다는
두 개의 알을 낳았어.

한 개에서는 제우스의 자식인
폴리데우케스와 헬레네가 태어났고,
다른 한 개에서는 틴다레오스의 자식인 카스토르와
클리타임네스트라가 태어났지.

그런데 폴리데우케스와 카스토르는 이다스와 링케우스라는 사촌들 때문에 죽게 돼.
우선 이다스의 이야기부터 해 볼까?
아레스의 아들인 에우에노스에게는 마르페사라는 딸이 있었어.
그녀는 아폴론의 구애를 받았어.
마르페사, 이제 그만 애태우고 내 사랑을 받아 줘.
흠, 글쎄요.

그런데 이다스 역시
마르페사를 사랑했어.
아폴론에게 마르페사를
빼앗길 순 없어.
나에게는 포세이돈이 준
날개 달린 마차가 있어.
이다스는 날개 달린 마차에
마르페사를 태워 데려가 버렸어.
이다스,
이놈!

내 딸을 납치하다니!
거기 서라!
에우에노스는 리코르마스 강까지 추격했지만
이다스를 따라잡을 수 없었어.
분하다!
내 딸을 이렇게
놓치고 말다니.

한편, 마르페사의 납치 소식을 들은
아폴론이 이다스를 쫓아왔어.
감히 내 여자를
납치하다니, 겁이 없는
놈이로구나.

인간 주제에 신에게
도전할 셈이냐?
어서 그녀를 내놓아라!
마르페사가 왜 아폴론 님의
여자인가요? 저와 함께
여기까지 왔으니
이제 제 여자입니다.

이때, 이 광경을 보고 있던 제우스가 끼어들었어.
이래서는 싸움이 끝나지 않겠어. 내가 나서는 수밖에.
앗, 제우스 님!
한 여자를 두고 서로 싸우다니 부끄럽지도 않느냐?
내가 너희의 싸움을 해결해 주겠다.

마르페사야,
네가 둘 중에 결혼하고
싶은 남자를 직접
고르도록 해라.
마르페사,
신과 결혼하는 게
얼마나 큰 영광인지
잘 알고 있겠지?
아니야. 서로
어울리는
사람끼리
사는 게
가장 행복한
거라고.
아폴론 님은
내가 늙으면
나를 버리고 다른 젊은
여자에게 갈 테지.

마르페사는 곰곰이 생각한 끝에 결정을 내렸어.
저는 이다스와 결혼하겠어요.
그래, 인간들끼리 행복하게 살도록 해라.

그 후, 이다스와 링케우스 형제는 사촌인 폴리데우케스, 카스토르 형제와 함께 아르카디아의 소 떼를 훔치러 갔어.
링케우스, 자네는 소 떼가 어디에 있는지 보이겠지?
링케우스는 먼 곳까지 볼 수 있는 눈을 가졌기 때문에 쉽게 소 떼를 찾았어.
저 멀리 언덕 위에 소 떼가 있군.

지키는 사람이
없으니 걱정할
필요 없어.
좋아.
소 떼는 우리가
훔쳐 오지.

폴리데우케스와 카스토르는 소 떼를 훔쳐 돌아왔어. 카스토르는 훔친 소 떼를 이다스에게 맡겼어.
자네가 소 떼를 분배해 주게.
가만, 우리 형제가 소 떼를 모두 차지할 방법이 없을까?
이다스는 암소 한 마리를 넷으로 나누었어.
우리 넷 중에 누구든 제 몫을 먼저 먹는 사람이 소 떼의 절반을 갖고, 두 번째로 먹는 사람이 나머지를 갖기로 하자.

그러고 나서 이다스는 순식간에 제 몫을 먹고 이어서 링케우스의 몫도 먹어 버렸어.
와구와구
꼬르륵!
어때? 이제 소 떼는 전부 우리 형제의 것이다.
텅!

이다스와 링케우스는 소 떼를 몰고 고향인 메세네로 갔어.
음매

뭐야? 우리가 속은 거잖아.
이대로 당하고 있을 순 없어. 복수하러 가자!

두 사람은 당장 메세네로 가서
더 많은 전리품을 빼앗았어.
이다스와 링케우스가 뒤쫓아 올 거야.
맞아. 숨어서 그들을 기다리자.
그러나 천리안을 가진 링케우스는
숨어 있는 카스토르를 발견했어.
흐흐, 거기 숨어 있으면 모를 줄 알았니?

우리를 죽이려는 게
틀림없어. 이대로 있다간
우리가 당한다.
이다스는 몰래 카스토르의 뒤로
다가가 창으로 찔러 죽였어.
악
내 동생을 죽이다니,
네놈들도 무사하지
못하리라!

폴리데우케스는 있는
힘껏 창을 던졌어.
다음은
이다스 네 차례다!
흥! 내 동생을
죽인 너는
무사할 줄
아느냐?

이다스는 폴리데우케스에게 돌을 던졌어.
빠박!
악!
머리에 돌을 맞은 폴리데우케스는 정신을 잃고 쓰러졌어.
이때, 하늘에서 제우스가 이 광경을 지켜보았어.
내 아들을 구해 줘야겠다.

제우스는 이다스를
벼락으로 쳐서 죽였어.
콰과광!
아들아,
이제 올림포스 신전에서
편히 살도록 해라.

아버지,
사랑하는
형제 카스토르가
죽었습니다.
저 혼자
살 수는 없습니다.
참으로
형제애가 깊구나.
네 뜻대로 해 주마.

제우스는 두 형제를 밤하늘의 별자리로 만들어 주었어. 바로 쌍둥이자리이지.
아들들이 별자리가 되자 헬레네와 결혼한 메넬라오스가 스파르타의 왕위를 잇게 되었지.
트로이 전쟁 이전에 그런 일이 있었군요.
이제 휴게실에 가서 좀 쉬다 갈까?

2장

아우게와 텔레포스

슉!
뭐, 뭐야? 내가 먹으려던 건데.
역시 오빤 동작이 느리다니깐.

* 〈만화로 보는 그리스 로마 신화〉 8권 '칼리돈의 멧돼지 사냥' 편 참고

아빠, 아탈란테의 조상 중에는 누가 유명해요?
아르카디아를 다스린 리카온이 유명하지.
리카온에게는 50명의 아들이 있었어.
아버지, 아침 인사를 드리러 왔습니다.
오, 오냐.
너희를 보니 마음이 뿌듯하구나. 제우스 신이 부럽지 않아, 허허허.

제우스 신이 아무리
자식이 많더라도 아버지만
하려고요, 하하하.

암, 그렇고말고.
맞는 말이다.

그들은 오만에 빠져
제우스를 무시하게 되었어.
뭐? 리카온과
그 아들들이 나를
무시한다고?

어디 얼마나 신을
무시하는지 한번
시험해 볼까?
제우스는 날품팔이꾼으로
변신하고 리카온을 찾아갔어.
나리, 지나가는
나그네인데, 이곳에서
손님 대접을 후하게
한다는 소문을
듣고 찾아왔습니다.
흠, 허름한 차림새지만
예사 사람은 아닌 것
같은데…….

리카온은 급히
아들들을 불러 모았어.
저 노인은
분명 제우스다.
예? 그게
사실인가요?
제우스 신이
왜 왔을까요?
분명히 나를
시험하러 온 게
틀림없어!
하지만 반대로
우리가 제우스 신을
시험해 볼 수 있는
좋은 기회다.
사내아이를 죽여
식탁에 올려라.
예, 아버지.

차린 것은 없지만 많이 드시지요.
손님 접대를 잘하는군. 내가 리카온을 오해한 모양이야.
그런데 음식을 본 제우스는 이상한 느낌이 들었어.
아니, 음식 안에 든 저 내장은 인간의 것이 아닌가?

이놈들! 너희가 나를
시험하려 드느냐?
와장창!
와르르르

감히 나에게 사람을
음식으로 대접하다니,
이 천하에 나쁜 놈들!

벼락 맛
좀 봐라!
콰
광
크악!
리카온과 아들들은
모두 벼락을 맞아 죽었어.

그런데 리카온의 막내아들인 닉티모스는 식탁 밑으로 숨어 살아남았어.
그곳에 숨으면 내가 모를 줄 아느냐?
제우스가 벼락을 던지려는 순간, 대지의 여신인 가이아가 그의 손을 잡았어.
그만 노여움을 풀어라. 저들도 그만하면 충분한 죗값을 치렀다.

으흠, 좋아. 이번 한번만 봐주는 거야.
홀로 살아남은 닉티모스는 아르카디아의 왕위를 계승했어.
그러면 닉티모스의 후손들을 살펴볼까?
알레오스
헤라클레스
아우게
케페우스
리쿠르고스
텔레포스
스테로페
20명의 아들
이아소스
아탈란테

닉티모스의 후손으로 테게아의 왕인 알레오스가 있었어. 그는 1장에 나온 케페우스의 아버지야.
어느 날, 알레오스는 신탁을 받았어.
너의 아들이 네 딸인 아우게가 낳은 아들에 의해 죽게 될 것이다.

내 외손자가 내 아들을 죽이게 되다니, 이 일을 어떡하지?
그렇다면 아우게를 아테나 신전의 여사제로 삼아 결혼시키지 말아야겠다.
알레오스는 아우게를 불렀어.
넌 평생 결혼하지 말고 아테나 여신을 모시도록 해라.
예, 아버지.

어느 날, 알레오스의 궁전에
헤라클레스가 찾아왔어.
케페우스가 저와 함께 전쟁터에 나갔다가 전사하게 되어 죄송합니다.
당신 같은 영웅과 함께 싸웠으니, 케페우스도 후회는 없었을 것이오.
케페우스는 최고의 장군이었습니다.

고맙소. 부디 편히 머물다 가시오.
궁전에 머물게 된 헤라클레스는 우연히 아우게와 마주치게 되었어.

너무도 아름다운 아가씨야!
두근 두근
헤라클레스는 아우게를 쫓았어.
아우게는 꽃밭을 거닐다가 한적한 곳까지 오고 말았어.
어머! 너무 멀리까지 와 버렸네.

그녀가 뒤돌아보자
그곳에는 건장한
남자가 서 있었어.
어머!
놀라게 해서 미안하오.
누구시죠?
나는 헤라클레스요.

아가씨의 아름다움에 이끌려 여기까지 따라오고 말았소.
헤라클레스는 아우게를 껴안으려 했어.
안 돼요! 저는 아테나 신전의 여사제예요.
평생 처녀로 살아야만 하니, 제발 저를 놓아주세요.

당신이 나를 받아 줄 때까지 포기하지 않겠소.
헤라클레스는 매일같이 아우게를 찾아왔어.
저렇게 멋진 분과 사랑할 수 있다면 얼마나 좋을까?
마침내 아우게는 헤라클레스의 정성에 감동했어.
헤라클레스 님, 사랑해요.
나도 사랑하오.

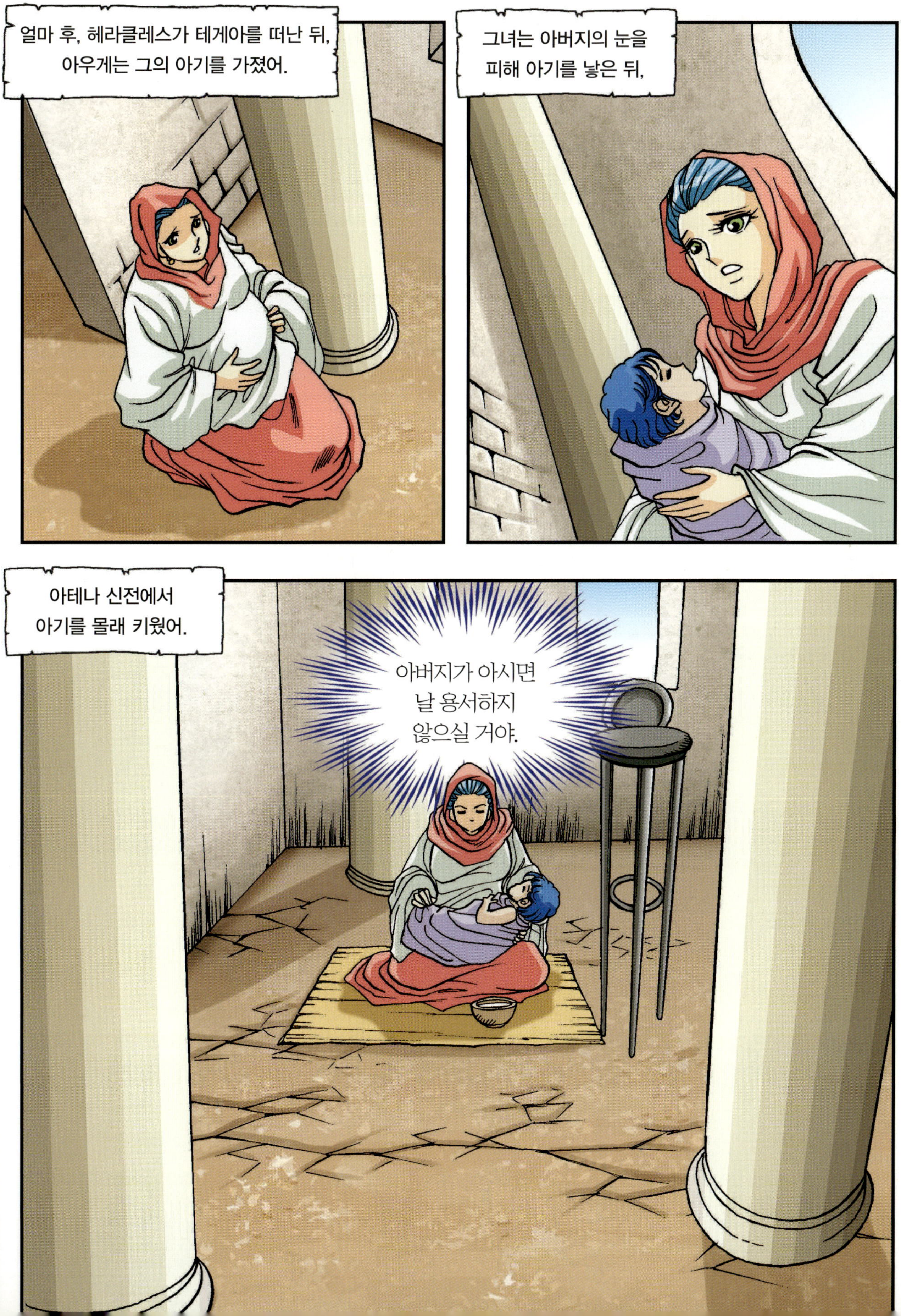
얼마 후, 헤라클레스가 테게아를 떠난 뒤, 아우게는 그의 아기를 가졌어.
그녀는 아버지의 눈을 피해 아기를 낳은 뒤,
아테나 신전에서 아기를 몰래 키웠어.
아버지가 아시면 날 용서하지 않으실 거야.

그런데 테게아에 가뭄이 들어
땅에 열매가 맺히지 않았어.
가뭄의 원인에 대해 신탁을 들어야겠다.
아테나의 성역에 불경스러운 것이 있다.
아테나의 성역이라면 아테나 신전을 말하는구나.

어디, 내가 직접 가서 조사해 봐야겠다.
신전으로 간 알레오스의 귀에 난데없이 아기 울음소리가 들렸어.
응애!
이게 웬 아기 울음소리인가?

아버지, 용서해 주세요.
아버지와의 약속을 어기고
헤라클레스의 아들을 낳고
말았어요.
신들이 분노한 이유가
바로 이것이었구나.

이 아기를 당장
파르테니온 산에
버려라!
안 돼요,
아버지!

그리고 아우게,
너는 노예로 팔아
버리겠다!

왕은 아우게를 노예 상인인
나우플리오스에게 보냈어.

나우플리오스는 아우게를 데리고
테우트라니아의 테우트라스 왕을 찾아갔어.
어서 오게.
함께 온 이 아름다운
아가씨는 누구인가?

테게아의 공주인데, 아버지의
노여움을 사서 노예로 팔렸습니다.
아직 어린 아가씨인데
얼마나 고생이
많았느냐?
내가 너를
수양딸로 삼겠다.
나를 아버지라
부르도록 해라.
감사합니다,
아버지.
한편, 알레오스의 신하는
아우게의 아들을
파르테니온 산에 버렸어.
응애!

그런데 지나가던 암사슴이
버려진 아기를 발견했어.
응애…
암사슴은 아기에게 젖을 물렸어.
그런데 양치기들이 지나가다가
이 모습을 보았어.
저것 봐.
암사슴이 아기에게
젖을 먹이고
있어.

보통 아기가
아닌가 봐.
우리가 데려가
키우자.
양치기들은 아기에게
'텔레포스'란 이름을
붙여 주었어.
어른이 된 텔레포스는 우연히
알레오스의 성으로 갔어.
왕이 사는 곳은
정말 화려하구나.

처음 보는 광경에 두리번거리던
텔레포스는 한 남자와 부딪혔어.
앗!
죄, 죄송합니다.
눈을 어디다 두고
다니는 거야?
천한 것이 감히
내 앞을 막아?
사과를 하는데도
나를 모욕하다니!

화가 난 텔레포스는 그를
번쩍 들어 패대기쳐 버렸어.

남자는 그 자리에서 죽고 말았어.

아니, 이분은?
알레오스 왕의 아들이 죽었다!
뭐라고요? 이 사람이 왕의 아들이라고요?
그렇다네. 알레오스 왕의 아들이 왕의 외손자에게 죽게 된다는 신탁이 있었는데, 자넨 누구지?

내가 누구인지,
저도 몰라요!
텔레포스는 그 자리에서 도망쳤어.
왕의 외손자가 왕의 아들을 죽일 거라고?
그 자가 왕의 아들이라면 난 누구지?
그는 델포이의 신전을 찾아갔어.
부모를 찾고 싶습니다. 어떻게 해야 할까요?

부모를 찾고 싶다면
테우트라니아로
가거라.
텔레포스는 테우트라니아로
갔어. 마침 그곳은 이다스와
전쟁을 벌이고 있었어.
나는 세상에서
가장 힘이 센 이다스다!
나를 이길 자가
있느냐?

이다스는 도시를 공격하고
사람들을 괴롭혔어.
모조리 다 부숴
버릴 테다!
으악!
살려 줘요!

네가 얼마나 힘이 센지
모르겠으나 나를 이기지는
못할 것이다.
오, 그래? 어디 한번
붙어 볼까? 내가 지면
이곳에서 순순히
물러나마.

둘은 자존심을 건
대결을 펼쳤어.
와아아!
깡
이야아아!

그런데 두 사람의 칼이 부러졌고,
둘은 맨손으로 싸우기 시작했어.

결국, 헤라클레스의 피를 물려받은
텔레포스가 승리했지.
크, 크윽! 항복.
내가 졌다.

이다스는 약속대로 군대를 물려 돌아갔어.
이 나라를 위해 싸워 주어서 정말 고맙네.
아닙니다.
나는 아들이 없으니, 그대가 내 수양딸과 결혼해서 내 후계자가 되는 것이 어떻겠나?
감사합니다.

그런데 아우게는 아직도 헤라클레스를 잊지 못하고 있었어.
나에게 남편은 헤라클레스 님뿐이야.
아우게는 첫날밤에 칼을 품고 신방에 들어갔어.
그녀는 누워 있는 텔레포스를 향해 칼을 쳐들었어.

그때 갑자기 커다란 뱀이 나타나
두 사람 사이에 끼어들었어.
쉬이익
아악, 뱀이다!
쨍
부인! 대체 이게
무슨 짓이오?

감히 나를 죽이려
하다니!
화가 난 텔레포스가
아우게를 죽이려고 했어.
에잇!
헤라클레스 님!
제발 저를 살려 주세요!

아니, 그 유명한 영웅의
이름을 부르는 이유가
무엇이오?
아우게는 자신의 과거를
털어놓았어.
아우게의 말을 듣던
텔레포스는 깜짝 놀랐어.
그렇다면
숲에 버려진 아이는
바로 내가 아닌가?

알레오스 왕의 아들을 죽인 것도 바로 나! 그렇다면…….
어머니!
텔레포스는 그녀에게 자신의 사연을 이야기해 주었어.
네가 정녕 내 아들이란 말이냐?

어머니!
오, 내 아들아!
이 사실을 안 테우트라스는
두 사람을 축복해 주었어.
얼마 후, 텔레포스가
왕위를 물려받았어.

그런데 그때 트로이 전쟁이
일어나게 되었어.

그리스 군은 트로이를 향해
출항했지만 아무도 트로이로 가는
정확한 항로를 몰랐어.

이쪽으로 가면 트로이 맞지?
그런 것 같기도 하고, 아닌 것 같기도 하고…….
그리스 군은 바다를 헤매다가 테우트라니아에 도착했어.
여기가 트로이 같아.
드디어 트로이에 도착했다!

잘못 찾아왔소.
여긴 트로이가
아니오.
뭐야?
거짓말 마라!
여기는
트로이야!
트로이 놈들을
한 놈도 살려
두지 마라!
값나가는 재물들을
모조리 빼앗아라!
와아아!

여긴 트로이가 아니라니깐.
그리스 군은 도시를 총공격하기 시작했어.
와아아 와!
텔레포스는 급히 군사를 이끌고 아가멤논의 군대에 맞섰어.
나는 헤라클레스의 아들이다!

감히 여기가 어디라고 함부로 공격하느냐? 모조리 쳐부숴라!
텔레포스의 군대는 아가멤논의 함선을 공격하여 많은 피해를 입혔어.
와아!
와!

그러나 그도 도저히 상대 못할 뛰어난 실력의 장수가 나타났어.
실력이 대단하구나. 네 이름은 무엇이냐?
난 아킬레우스다.

두 사람은 치열한 싸움을 벌였어.
챙
챙챙!

역시 아킬레우스는 강하다! 일단 피하고 봐야겠다.
텔레포스는 도망치다가 아킬레우스의 창에 넓적다리를 찔리고 말았어.
악!
텔레포스의 상처는 그리스 군이 물러난 뒤에도 쉽게 낫지 않았어.
상처가 아물기는커녕 점점 더 깊어 가니, 이를 어쩌면 좋단 말인가?

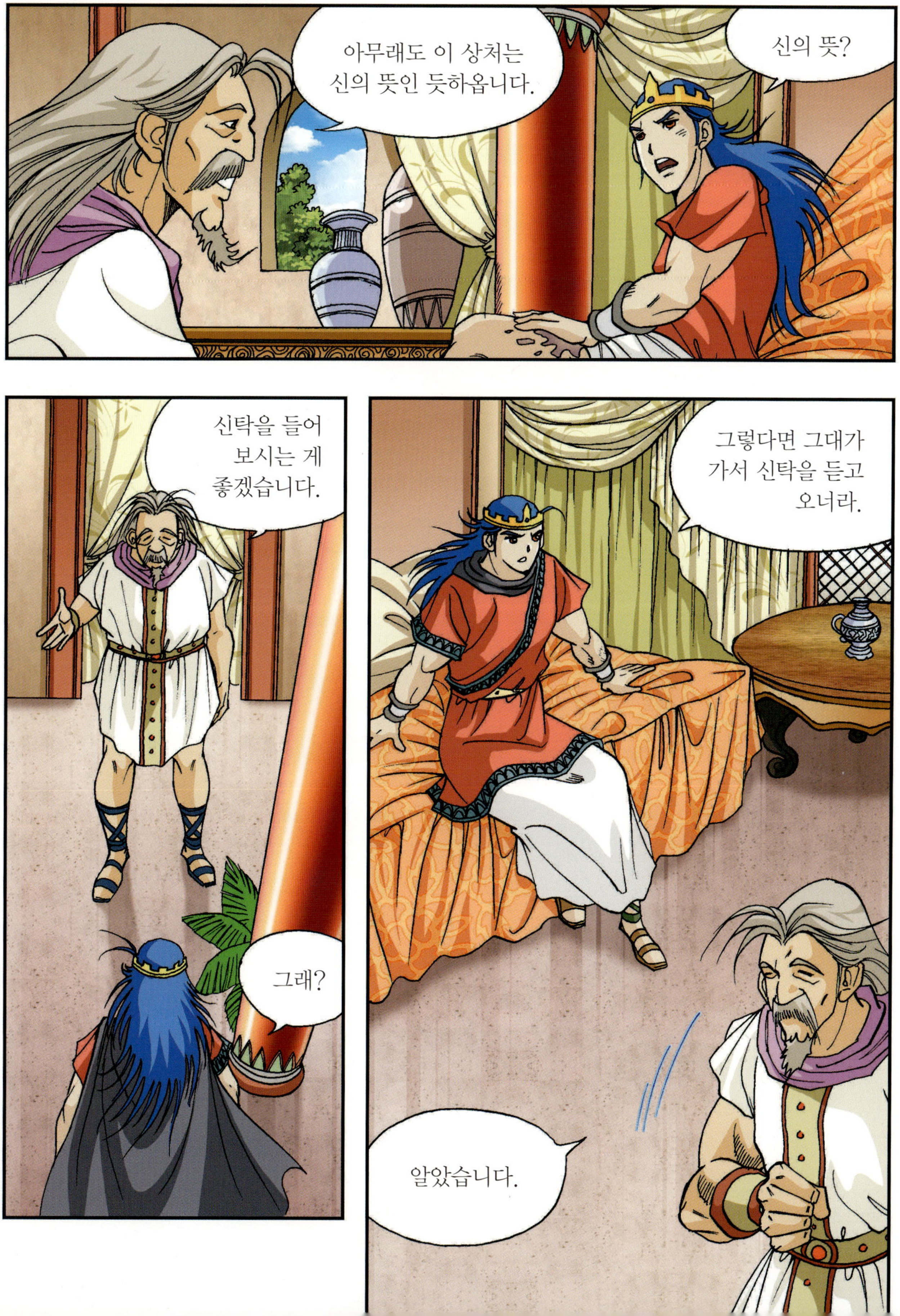
아무래도 이 상처는 신의 뜻인 듯하옵니다.
신의 뜻?
신탁을 들어 보시는 게 좋겠습니다.
그래?
그렇다면 그대가 가서 신탁을 듣고 오너라.
알았습니다.

신하는 델포이로 가서
신탁을 듣고 돌아왔어.
부상을 입힌 자만이 상처를 치유할 수 있다고 합니다.
아킬레우스가?

텔레포스는 당장 아킬레우스에게
가서 도움을 청했어.

내가 그대를 도와주면 그대는 나에게 무엇을 해 주겠는가?

트로이로 가는 항로를 알려 주겠소.

아킬레우스는 자신의 창에서 녹을 긁어 내어,
텔레포스의 상처에 발라 주었어.
신기하게도 며칠 만에 상처는 깨끗하게 아물었어.
고맙소, 약속은 지키리다.

텔레포스는 아킬레우스에게
트로이로 가는 항로를 알려 주었어.

그리스 군은 다시 한 번
트로이를 향해 출항했어.

*〈만화로 보는 그리스 로마 신화〉 9권 '가장 아름다운 여신' 편 참고

3장

트로이의 영웅들

트로이
와, 큰 새가
아이를 낚아채서
날아가네요.

이 그림 속 아이는 트로스 왕의 아들 가니메데스인데
제우스에게 납치된 거야.
아니, 왜요?
가니메데스 납치 사건은 청춘의 여신 헤베에게도 원인이 있단다.

그럼, 그 이야기부터
들어 볼래?
네~!

헤라의 딸 헤베는 올림포스의 연회에서
신들에게 넥타르를 따르는 일을 했어.
헤베, 여기
넥타르 한 잔 더.
예, 가요.

어느 날, 헤베는 신들에게 넥타르를
따르다가 발이 옷에 걸려 넘어졌어.
어머!
윽,
이게 뭐야?

조심하지 않고…….
넥타르가 다 쏟아졌잖아?
죄송합니다.

안 되겠다. 넌 오늘부터 넥타르 따르는 일을 그만두도록 해라.

이즈음 소아시아의 트로이아 왕국에는 트로스 왕이 살았어.

그에게는 세 아들
일로스, 아사라코스,
가니메데스가 있었어.
그중에 막내 가니메데스는
미소년으로 유명했어.

가니메데스에 대한 소문이
제우스의 귀에까지 들어갔어.
가니메데스가
그렇게 귀여운
소년이란 말이지?

어디 보자.
아래를 내려다본 제우스는 깜짝 놀랐어.
아니, 저렇게 잘생긴 소년이 있었다니…….

마침 헤베 대신에 넥타르를 따를 사람이 필요했는데 잘됐구나.
제우스는 당장 독수리를 불렀어.
어서 가서 가니메데스를 데려오너라.
독수리는 지상으로 빠르게 내려가서 산책을 즐기던 가니메데스를 납치해 왔어.

너는 오늘부터
이곳에서 신들에게
넥타르를 따르는 일을
하도록 해라.
예.
한편, 갑자기 아들을 잃은
트로스는 슬픔에 빠졌어.
오, 내 아들 가니메데스야.

대체 어디
있단 말이냐?

여보. 독수리가
데려갔다고 하니,
혹시 제우스 신이
하신 일이 아닐까요?

오, 제우스 님!
제발 제 아들
가니메데스를
돌려주십시오.
그러자 구름 속에서 제우스가 나타났어.
가니메데스는
올림포스 신전에서
아주 중요한 일을
하고 있으니
걱정 마라.
대신 너에게
선물을 주마.

제우스는 트로스 왕에게 가니메데스를
데려간 대가로 죽지 않는 말들을 주었어.
이히히힝

이즈음 트로스 왕의 또 다른 아들인
일로스는 이웃 나라인 프리기아로
여행을 떠났어.
그는 프리기아 사람들이
모여 있는 것을 발견했어.
웅성웅성

여기서 지금 뭘 하는 겁니까?
왕이 레슬링 경기를 열었다오.
우승자에게는 50명의 소년과 50명의 소녀를 상으로 준다고 하네요.
그 말을 들은 일로스는 당장 레슬링 경기에 참가했어.

그는 경쟁자들을
물리치고 우승했어.
와아!
와!
최고다!
그런데 왕이
일로스에게 다가왔어.

자네가 신탁에서 말한
바로 그 젊은이로군.
예? 무슨
말씀이신지?
레슬링 경기의
우승자가 새로운 도시를
세울 것이라는
신탁이 있었네.

왕은 일로스에게 얼룩빼기
암소 한 마리를 주었어.
이 암소를 따라가다가
암소가 눕는 곳에
도시를 세우게.
그것이 바로
신의 뜻일세.

일로스는 50명의 소년과 50명의 소녀를
이끌고 얼룩빼기 암소를 따라 길을 떠났어.

암소는 넓은 벌판을
지나고 강을 건넜어.

마침내 한 언덕 기슭에 도착하자
암소가 땅에 드러누웠어.
음매!
앗! 바로 여기다.

그래. 여기에
새로운 도시를
세우겠다.

일로스는 그곳에 정착하고
나라 이름을 아버지의 이름을 따서
'트로이'라고 지었어.

그는 곧바로 제우스에게 기도를 드렸어.
제우스 님! 제가 도시를 세운 이곳이 신의 뜻에 맞습니까?

맞으면 제게 증표를
내려 주소서.
다음 날 하늘에서 무엇인가가 떨어졌어.
쿵!
이게
무슨 소리야?

하늘에서 떨어진 것은 한손에는 창을, 한손에는 실패와 물레를 들고 있는 나무 조각상이었어.
오, 제우스 님께서 나의 기도를 들어주셨구나. 감사합니다.
사람들은 이 조각상을 '팔라디온'이라고 불렀단다.
팔라디온이오?

팔라디온이란
이름에는
슬픈 일화가 있단다.

아테나에게는 친구가 한 명 있었는데,
바로 바다의 신 트리톤의 딸인 팔라스야.
팔라스!
오, 아테나!

둘은 항상 전쟁놀이를 하며 놀았어.
에잇, 받아라!
따딱!
흥, 어림없지!
그러던 어느 날 사건이 일어났어.
딱!
아야! 너 진짜로 때릴 거야?

아무리 놀이지만
전쟁은 전쟁이지.
방심한 네가 잘못이야.
뭐라고?
정말 그럴 거야?
좋아!
그렇다면 어디
내 주먹맛 좀 봐라!

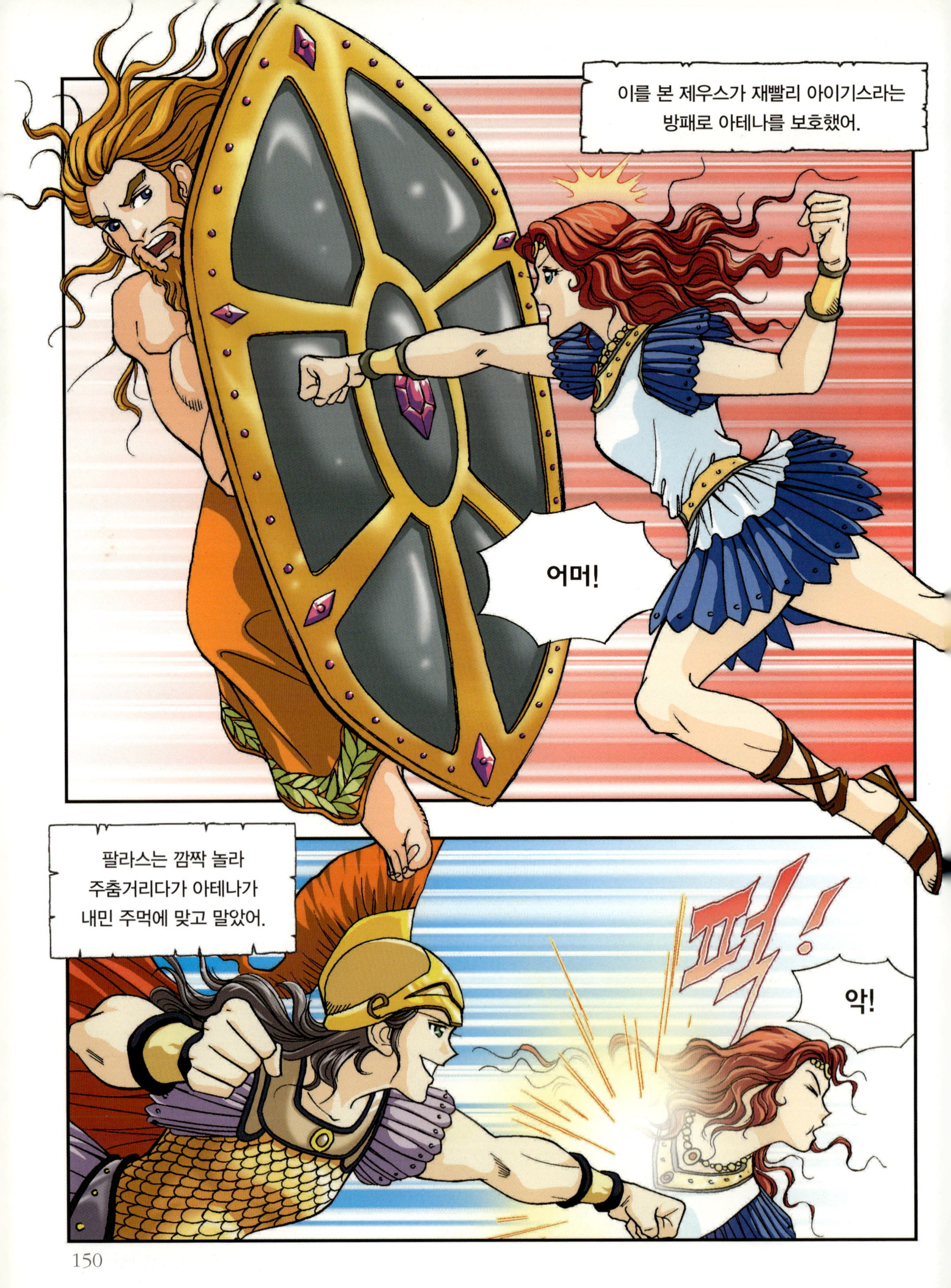

이를 본 제우스가 재빨리 아이기스라는 방패로 아테나를 보호했어.
어머!
팔라스는 깜짝 놀라 주춤거리다가 아테나가 내민 주먹에 맞고 말았어.
퍽!
악!

이, 이런……!
팔라스,
눈 좀 떠 봐.
그러나 팔라스는
이미 죽은 후였어.
어이없이 친구를
죽이다니…….
내가 너무 경솔했어.
미안해,
팔라스.
흑흑!

몹시 상심한 아테나는
팔라스를 닮은
나무 조각상을 만들었어.
이 조각상은
팔라스의 이름을 따서
팔라디온이라
부르겠어.
아테나는 팔라디온을 제우스에게 바쳤어.

일로스가 제사를 지낸 뒤, 하늘에서 떨어진 것이 바로 그 팔라디온이야.
그럼, 제우스가 일로스의 기도를 들어준 거군요.

이때부터 팔라디온은 트로이를 지켜 주는 수호신 같은 존재가 되었어.

이제 다시 가계도를 살펴볼까?
트로스
아사라코스
일로스
가니메데스
카피스
라오메돈
안키세스
아이네이아스
헤시오네
헤카베
프리아모스
아리스베
헥토르
파리스
카산드라
폴릭세네
데이포보스
아이사코스
일로스의 아들이 라오메돈이야.
그가 왕으로 있을 때 큰 위기가 닥쳤어.
무슨 일이죠?
바로 아폴론과 포세이돈의 노여움을 사게 된 일이야.

헤라는 제우스의 바람기 때문에 하루도 마음 편한 날이 없었어.
여보!
이 양반이 또 어디 있는 거야?

헤라가 땅 위를 내려다보자, 제우스는 어김없이 젊은 아가씨들을 만나고 있었어.
와하하

이제 나도 더 이상은 못 참아!
헤라는 포세이돈과 아폴론을 불렀어.
포세이돈! 저런 바람둥이가 신들의 제왕이라는 게 부끄럽지 않아요?

제우스를 몰아내고 당신이 새로운 제왕이 되는 게 어때요?
뭐? 내가?
내가 제우스를 이길 수 있을까?
아폴론이 돕는다면 틀림없이 가능할 거예요.

헤라의 꼬임에 넘어간 포세이돈과
아폴론은 반란을 일으켰어.
야자!
타도!
야자!
제우스!
뭐, 뭐야?
왜들 저래?

그러나 둘은 제우스를
이기지 못하고 붙잡혔어.
감히 누구한테
반항이냐?
따악
빠바박
애고!

너희가 헤라와 짜고
나를 몰아내겠다고?
웃기는 놈들이군.
아이고,
잘못했어.

너희는 앞으로
일 년 동안 라오메돈의
종살이를 해라.
괜히 헤라의 말을 들었다가
이게 무슨 망신이야?
창피해.
제우스의 명령에 둘은
사람으로 변신하고
라오메돈을 찾아갔어.

그 당시 라오메돈은
트로이 성을 쌓고 있었어.
세상에서 가장
튼튼한 성을 쌓아 줄 테니,
보수를 주시오.
좋아,
약속하지.
성이 완성되자 라오메돈은
약속을 지키지 않았어.
내가 언제 그런 약속을
했다고 그래? 저들을
성 밖으로 내쫓아라!
라오메돈, 이놈!
감히 약속을
어기다니!

화가 난 아폴론은 트로이에 저주를 내렸어.
그러자 사람들이 병으로 쓰러지기 시작했어.
전염병이다!
아이고~!
나도 가만있을 수 없지. 맛 좀 봐라!
캬아악
포세이돈이 보낸 괴물은
들판에 있는 사람들을 낚아챘어.
캬르릉
으아악!
살려 줘!

두려움에 싸인 라오메돈은 신탁을 들으러 갔어.
너의 딸 헤시오네를 괴물에게 바쳐야만 재앙에서 벗어날 수 있다.

헤시오네야, 미안하다.
아버지!
그때 트로이를 지나던 헤라클레스가 헤시오네를 보았어.
저 아름다운 공주가 괴물의 먹이가 되다니 안타깝군.

헤라클레스는 라오메돈을 찾아갔어.
내가 당신 딸을 구해 주겠소.
고맙소. 당신은 소문대로 영웅 중에 영웅이오.
그 대신 조건이 있소.
제우스 님이 가니메데스를 데려간 대가로 준 말들을 주시오.
딸의 목숨이 달려 있는데 그까짓 말들이 대수인가? 약속하리다.

헤라클레스는 괴물과 싸우기 위해
바닷가로 나갔어.
캬아아!

괴물은 바닷물을 내뿜어
헤라클레스가 접근하지 못하게 했어.
촤아악!
이놈!
만만치 않은
상대인걸.
헤라클레스는 몽둥이를 들고
괴물의 머리 위로 뛰어올라

괴물의 정수리를
있는 힘껏 내리쳤어.
빠악
크아악!
괴물은 몸을 비틀거리더니
엄청난 파도와 함께
바닷속으로 사라졌어.
촤아아악!

괴물을 물리친 헤라클레스는 헤시오네를 구해 주었어.
감사합니다. 정말 대단한 영웅이시군요.
자, 이제 약속대로 말들을 주시오.
내가 무슨 약속을 했단 말인가? 좋게 말할 때 그냥 돌아가시오.
라오메돈, 이놈!

지금은 혼자라서
그냥 간다만, 반드시
트로이를 치러 올 것이다.

고향으로 돌아간 헤라클레스는
함선 열여덟 척을 이끌고 트로이로 향했어.
거짓말쟁이 라오메돈,
기다려라!

모두 나를 따르라!
도시로 진격한다!
와아!
와!
라오메돈,
이 비겁한 거짓말쟁이!
내가 반드시
돌아온다고 했지?
으악!

헤라클레스는 트로이를 점령하고
라오메돈과 아들들을 죽였어.

막내아들 포다르케스와
헤시오네만이 겨우 살아남았지.

헤라클레스 님.
예전에는 절 구해 주셨는데,
지금은 저를 이렇게 슬프게
하시는군요. 흑흑흑.
모든 게 다
그대의 아비
잘못이오.

헤라클레스는 헤시오네의
눈물에 마음이 약해졌어.
포로 중 누구든
원하는 사람을 한 명
데려가게 해 주겠소.
그러면 저는
포다르케스를
선택하겠어요.

좋소. 그러나 그는 이제 노예 신분이니 당신이 몸값을 지불하고 사야 하오.
헤시오네는 머리에 쓰고 있던 베일을 벗어 몸값으로 주었어.
그때부터 포다르케스는 '프리아모스'라고 불리게 되었어. 프리아모스라는 이름에는 '나는 매입하다'라는 뜻이 담겨 있단다.

프리아모스는 아리스베라는 여인과
결혼해 아이사코스를 낳았어.

그 후, 그는 아리스베와 헤어지고
헤카베와 결혼했지.

* 〈만화로 보는 그리스 로마 신화〉 9권 '왕자 파리스' 편 참고

어느 날, 아이사코스는
강가에서 머리를 말리고 있는
아름다운 여인을 보았어.
와! 머릿결이
진짜 아름다운
저 아가씨는 누구지?

그녀는 헤라의 황금 사과 나무를
지키는 헤스페리데스 가운데
한 명인 헤스페리아였어.
저…….
아가씨,
시간 있으시면…….
어머!
누구세요?

저랑 포도주라도
한 잔 하실까요?
왜, 왜
이러세요?
헤스페리아는 겁을 먹고
도망치기 시작했어.
아니,
잠깐만요!

저 나쁜 사람
아니에요!
헤스페리아는 풀밭을 지나
도망치다가 갑자기 쓰러졌어.
아

아이사코스가 깜짝 놀라
다가가 보니, 독사가
그녀의 발을 물고 있었어.
무서운 독이 퍼진 헤스페리아는
그 자리에서 숨을 거두고 말았어.
아……. 나 때문에
죄 없는 아가씨가
목숨을 잃고 말았어!

아이사코스는 죄책감을 이기지 못하고
절벽에서 몸을 던졌어.
풍덩

이를 바다의 여신 테티스가
지켜보고 있었어.
불쌍한 아이사코스.
내가 새로
변신시켜 주마!

아이사코스는 하늘로 솟구쳤다가
촤악
바다로 뛰어들기를 반복하는 새가 되었어.
풍

한 치 앞도
모르는 게
우리 인생인가 봐.
하긴……. 우리도
다음 테마관에
뭐가 있을지
모르잖아.
다음 테마관이
궁금한가 보구나.
그럼요.
당연히 궁금하죠,
헤헤헤.
그럼, 어서
넘어가 보자꾸나.

〈5권에서 계속됩니다.〉